Einsterns Schwester
leicht gemacht

2

Themenheft 2

Richtig schreiben

Herausgegeben von
Roland Bauer, Jutta Maurach

Erarbeitet von
Katrin Baudendistel, Daniela Dreier-Kuzuhara,
Martina Schramm, Alexandra Schwaighofer

Cornelsen

Inhaltsverzeichnis

Ich bin Lola
und ich helfe dir.

So kannst du mit den Heften arbeiten

Du machst alle
Seiten der Lernportion **1**.

Zuerst im grünen Heft.	Dann im roten Heft.	Dann im gelben Heft.	Und dann im blauen Heft.

 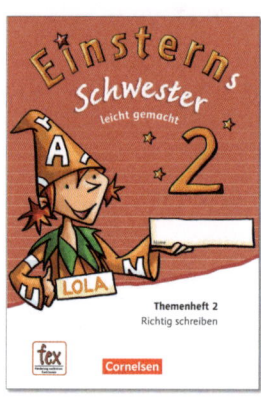  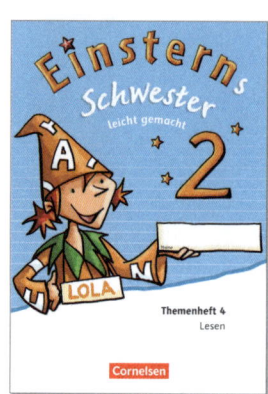

Danach machst du in
allen Heften die Lernportion **2**.

Nun machst du in
allen Heften die Lernportion **3**.

Genauso bearbeitest du
alle anderen Lernportionen.

 **1**

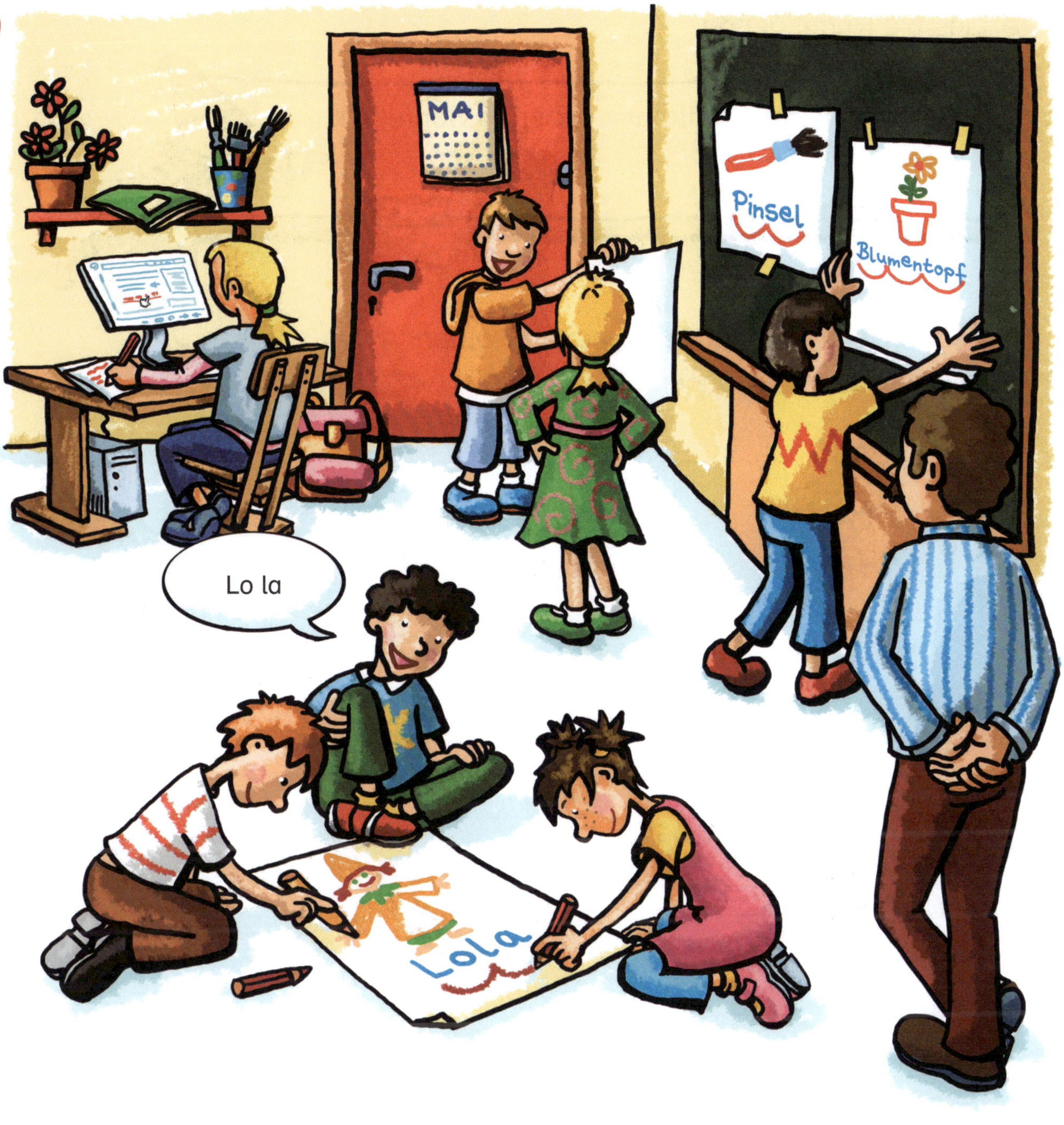

2 Zeichne die Silbenbögen ein.

Tafel   Schultasche   Pinsel

Tisch   Kalender   Buch

Silben schwingen

 1 Lies die Regel genau.

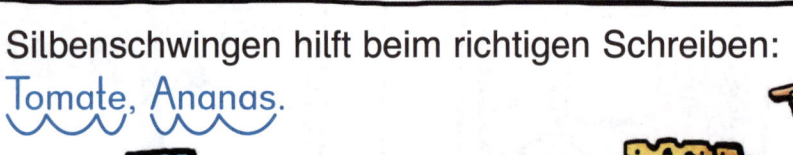

Silbenschwingen hilft beim richtigen Schreiben:
Tomate, Ananas.

2 Sprich, schwinge und schreibe die Nomen.
Zeichne die Silbenbögen ein.

Ananas

1 Lies die Regel genau.

> Jede Silbe hat einen **Silbenkern**:
> - **a**, **e**, **i**, **o**, **u** (Selbstlaute),
> - **ä**, **ö**, **ü** (Umlaute),
> - **ei**, **eu**, **au** (Zwielaute).

2 Zeichne die Silbenbögen ein.
Male die Silbenkerne gelb an.

• Bl**u**me

• Minute

• Hase

• Papagei

• Freunde

• Leiter

• Ohr

• Seife

• Salat

• Bücher

> Hast du in jeder Silbe einen Silbenkern gelb angemalt?

• Fledermaus

• Brot

Silbenkerne zuordnen und eintragen

1 Lies die Nomen und schwinge.
Verbinde.

Bauernhof	a e e
Kalender	au e o
Papagei	e e au
Fledermaus	a a e ei
Bananeneis	a a ei

2 Zeichne die Silbenbögen,
trage die Silbenkerne ein.

Baumhaus
au au

Gemüse

Käfer

Reiter

Seifenblase

Rakete

Ein Silbenspiel spielen

1 Lies die Anleitung. Spiele das Spiel.

Du brauchst: Spielsteine

Anleitung: Suche dir ein Kind. Nenne ein Nomen, das zum Thema **Schule** passt. Bestimme die Anzahl der Silben. Gehe mit deinem Stein um die Anzahl der Silben vor. Nun ist das andere Kind an der Reihe. Wer auf ein farbiges Feld kommt, rutscht die Leiter herunter. Wer ist zuerst am Ziel?

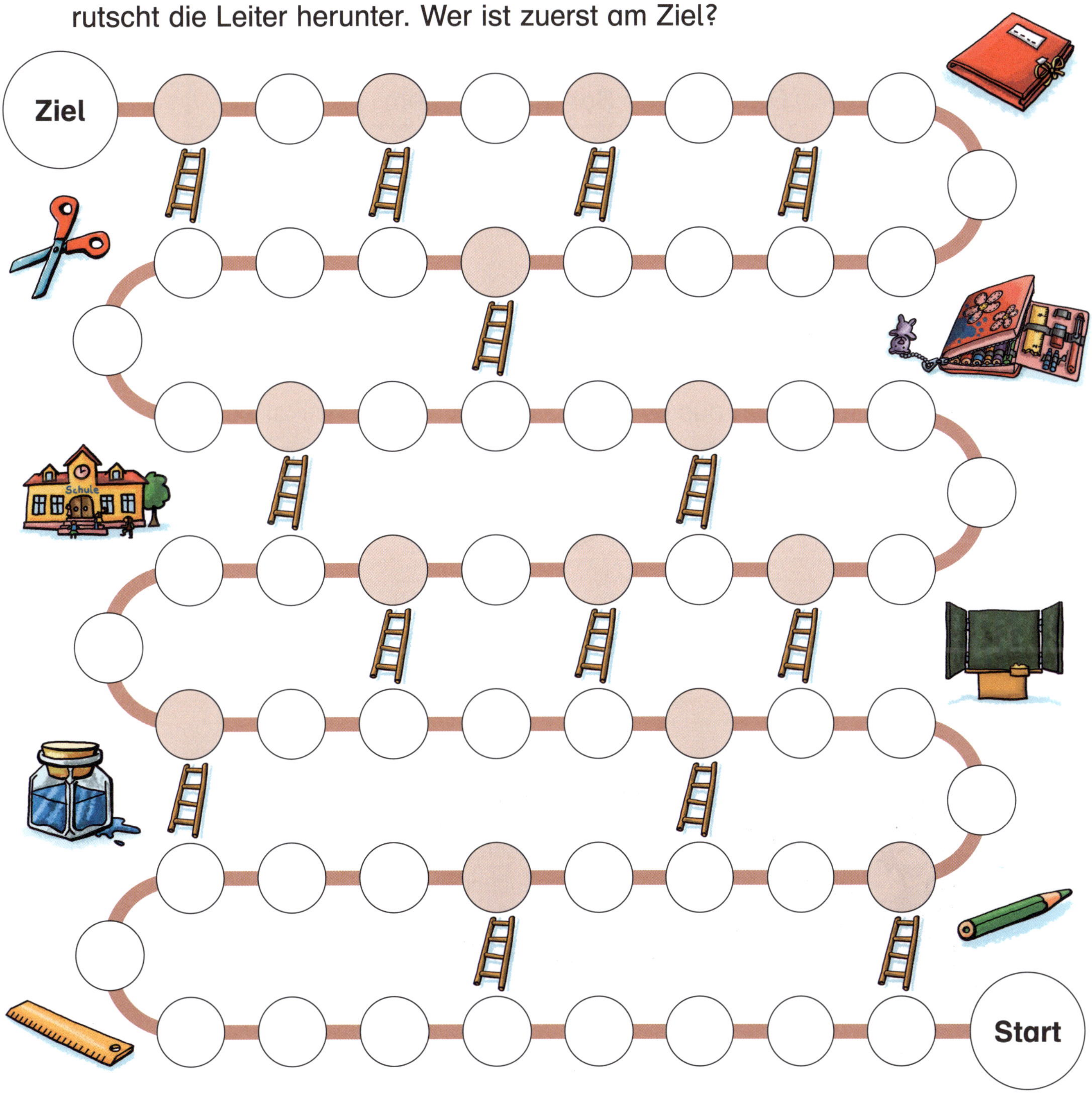

Ziel

Start

1 Wörter mit -el und -en untersuchen

1 Verbinde die Bilder und Silben.

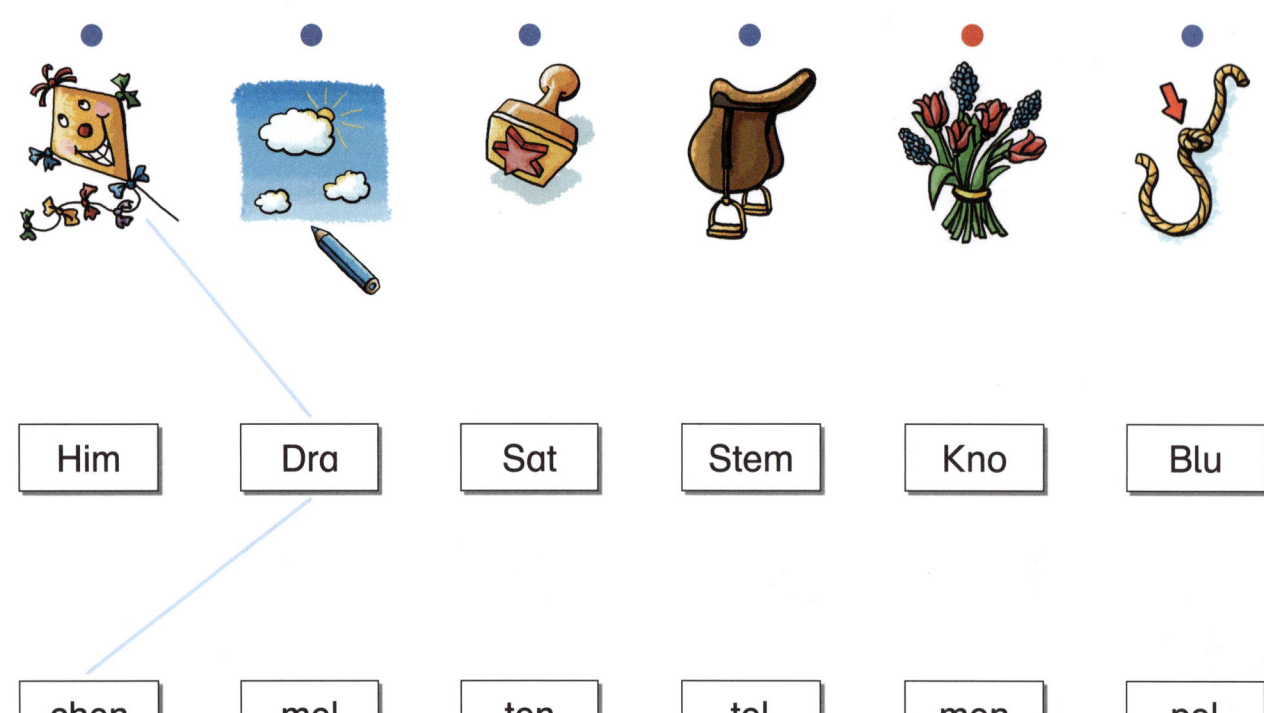

| Him | Dra | Sat | Stem | Kno | Blu |

| chen | mel | ten | tel | men | pel |

 2 Schreibe die Nomen aus **1** mit ihrem bestimmten Artikel so auf.

der Drachen,

Das Silbenschwingen hilft beim Hören der Endungen **-el** und **-en**.

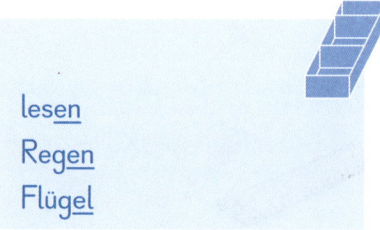

lesen
Regen
Flügel

Wörter mit -er untersuchen

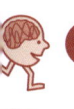

1 Schreibe Nomen.
Zeichne die Silbenbögen ein.
Male die Silbenkerne gelb an.

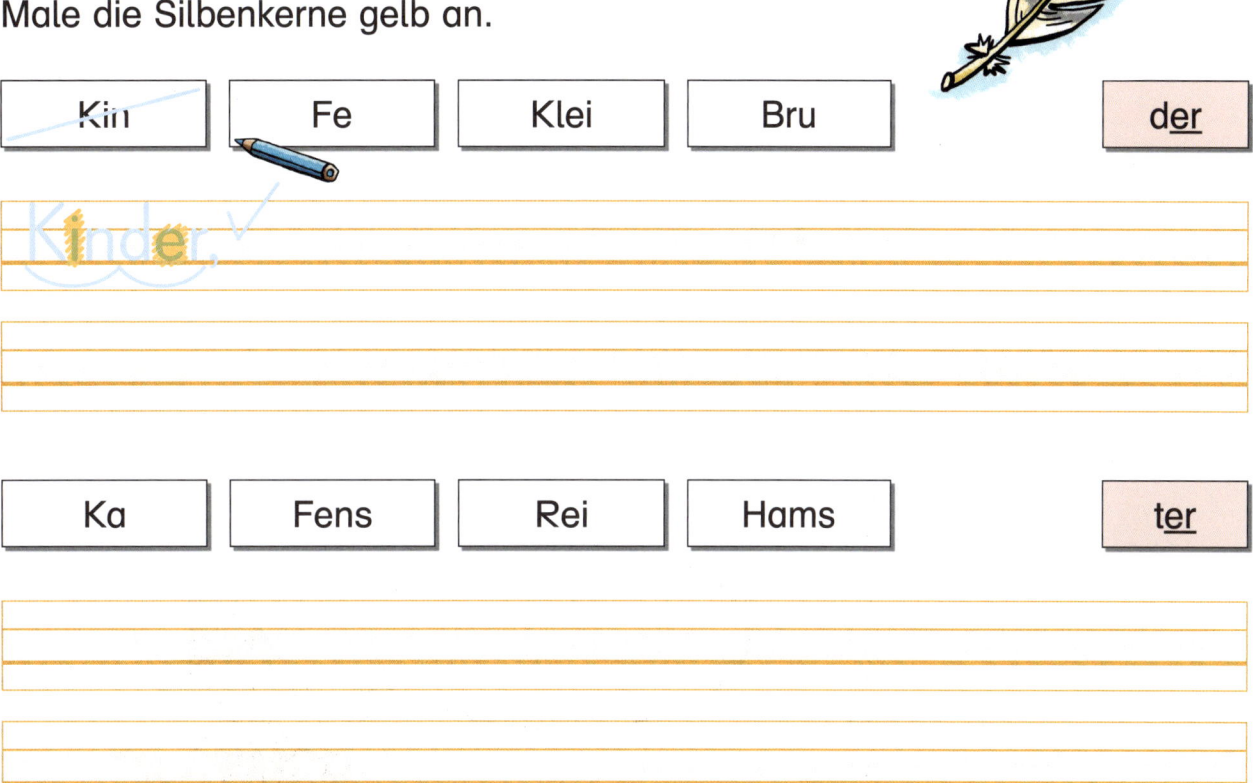

Kin	Fe	Klei	Bru

der

Kinder ✓

Ka	Fens	Rei	Hams

ter

2 Schreibe die Wörter ab.

Kalender	Körper	Winter	Tochter	Bilder	Computer

Kalender ✓

3 Unterstreiche in **2** immer **er**.

Compu<u>ter</u>
Kä<u>fer</u>
un<u>ter</u>

Reimwörter erkennen

1 Verbinde, was sich reimt.

• Rakete	• Topf	• Tasse	• Suppe

• Kopf	• Puppe	• Tapete	• Kasse

Hand
Land

Hut
Mut

> Reimwörter haben die gleichen Silbenkerne.

2 Schreibe die Reimwörter aus **1** zu den Silbenkernen.

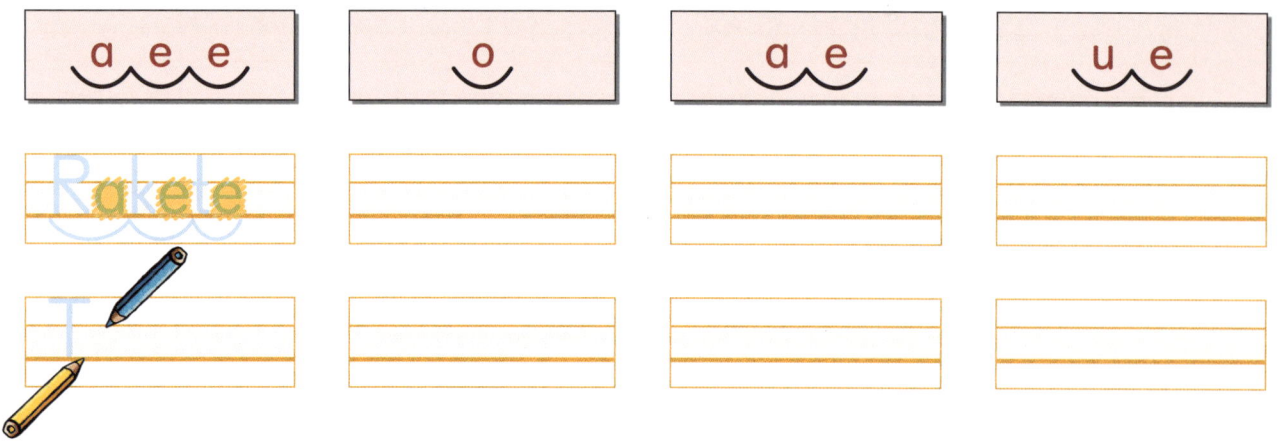

a e e	o	a e	u e
Rakete			

3 Male die Silbenkerne in **2** gelb an. Zeichne die Silbenbögen ein.

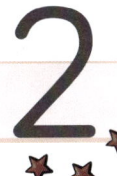

2 Wörter mit Au/au schreiben

1 Lies die Regel genau.

> Weil **au** aus zwei Lauten besteht,
> ist **au** ein **Zwielaut**: Baum, Auge.

2 Lies die Wörter mit **au** und **Au**.

Wörter mit Au/au

das Auto

die Maus

die Taube

kaufen

blau

3 Schreibe die Wörter aus **2** auf.

der Daumen, ✓

4 Unterstreiche bei den Wörtern in **3** immer **au** und **Au**.

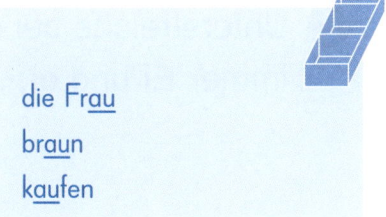

die Frau
braun
kaufen

1 Lies die Regel genau.

Weil **ei** aus zwei Lauten besteht,
ist **ei** ein **Zwielaut**: Seil, Bein.

2 Lies und verbinde. Schreibe.

STOPP

Lei	fen	
Rei	ter	die Leiter ✓
Zei	fe	
Pfei	ger	
Ei	der	
Sei	se	
Klei	mer	
Mei	fe	

3 Unterstreiche bei den Wörtern in **2**
immer **Ei** und **ei**.

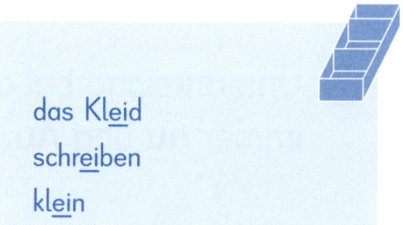

das Kl**ei**d
schr**ei**ben
kl**ei**n

2. Wörter mit Eu/eu schreiben

1 Lies die Regel genau.

Weil **eu** aus zwei Lauten besteht,
ist **eu** ein **Zwielaut**: Euro, neu.

2 Lies und verbinde. Schreibe und unterstreiche.

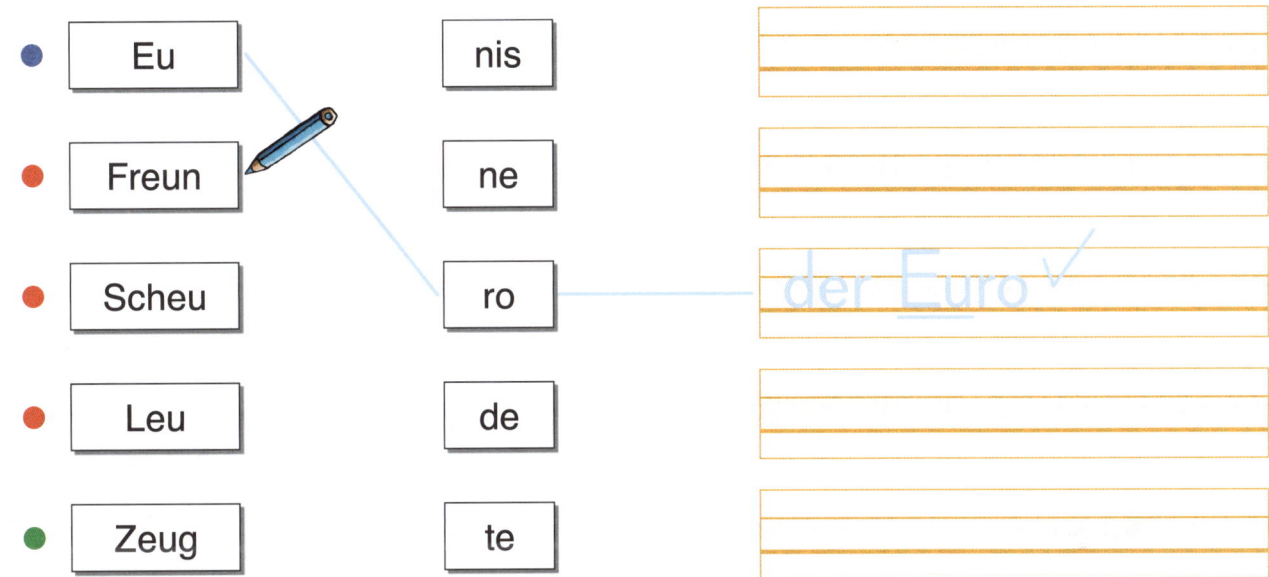

Eu	nis	
Freun	ne	
Scheu	ro	der Euro ✓
Leu	de	
Zeug	te	

3 Setze **Eu/eu** oder **au** richtig ein. Lies die Wörter.

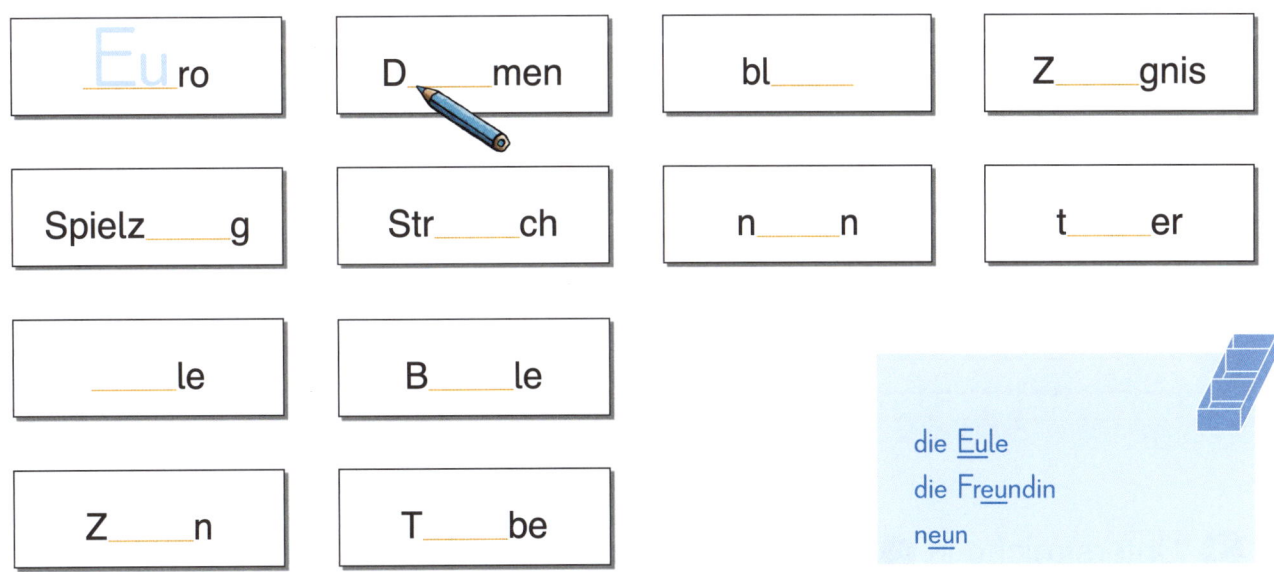

Euro   D___men   bl_____   Z_____gnis

Spielz_____g   Str_____ch   n_____n   t_____er

_____le   B_____le

Z_____n   T_____be

die Eule
die Freundin
neun

2 Wörter mit au, ei und eu schreiben

1

•	Papa

tut weh.	•

••	Lisas Beule

ist neunzig Jahre alt.	••

•••	Ulis Oma

und Tim kaufen ein.	•••

••••	Imo

frisst eine Banane.	••••

•••••	Der Lehrer

will keine Leine tragen.	•••••

••••••	Der kleine Affe

teilt Zeugnisse aus.	••••••

2 Schreibe drei Sätze aus **1** auf.

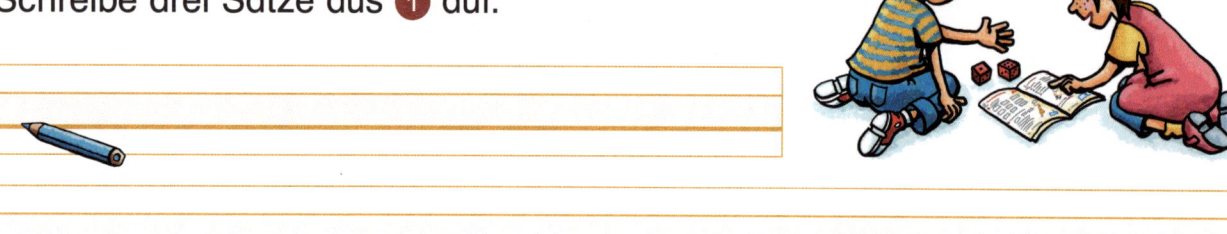

3 Unterstreiche in **2** die Zwielaute **au**, **ei** und **eu**.

2. Wörter mit ch untersuchen

So schreibe ich ein Wort ab
1. Ich lese das Wort.
2. Ich spreche das Wort in Silben.
3. Ich schreibe das Wort Silbe für Silbe auf.
4. Ich vergleiche das Wort mit der Vorlage.
5. Ich verbessere das Wort, wenn nötig.

1 Schreibe die Wörter ab. Unterstreiche **ch**.

das Mädchen	das Buch	acht	machen

rechnen	versuchen	die Woche	die Frucht

das Mädchen. ✓

2
- Licht
- Sachen
- Drachen
- Gesicht
  kichern
  machen
  mich
  lachen
  …

ich-Laut	ach-Laut
das Licht	die Sachen

der Drachen

die Frucht
versuchen
auch

  1

- Bank
  bringen
  krank
- Junge
- Stange
  dunkel
  eng
  trinken
  …

   2 Setze die Wörter ein.

| krank | Finger | lang | Ring | Onkel | Junge |

Die Haare sind nicht kurz. Sie sind **lang** ✓ .

Wir haben fünf _____ an jeder Hand.

Anna hat Fieber. Sie ist _____ .

Mein _____ trägt einen _____ .

Der _____ spielt Ball.

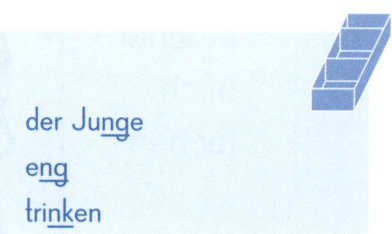

der Ju**ng**e
e**ng**
tri**nk**en

3 Wörter mit Qu/qu schreiben

1

Quark	quietscht laut.
Tim	ist gesund.
Die Tür	quatscht im Unterricht.
Ein Frosch	sprudelt Wasser.
Eine Qualle	quakt am Teich.
Aus der Quelle	hat viele Fangarme.

 **2** Schreibe einige Sätze aus **1** auf.

STOPP

Quark ...

3 Unterstreiche in **2** immer **Qu** und **qu**.

die Qualle
der Quark
quaken

1 Setze ein und lies die Wörter.

> Ich spreche und höre **schp** und **scht**, aber ich schreibe **sp** und **st**.

Sp oder **sp**?

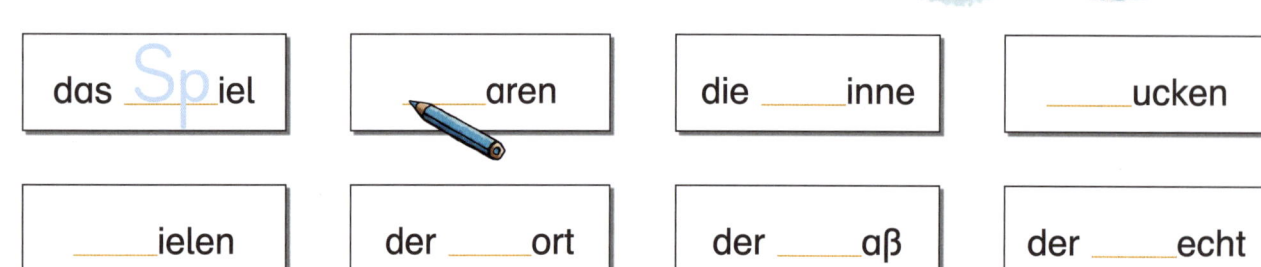

| das _Sp_iel | _____aren | die _____inne | _____ucken |

| _____ielen | der _____ort | der _____aß | der _____echt |

St oder **st**?

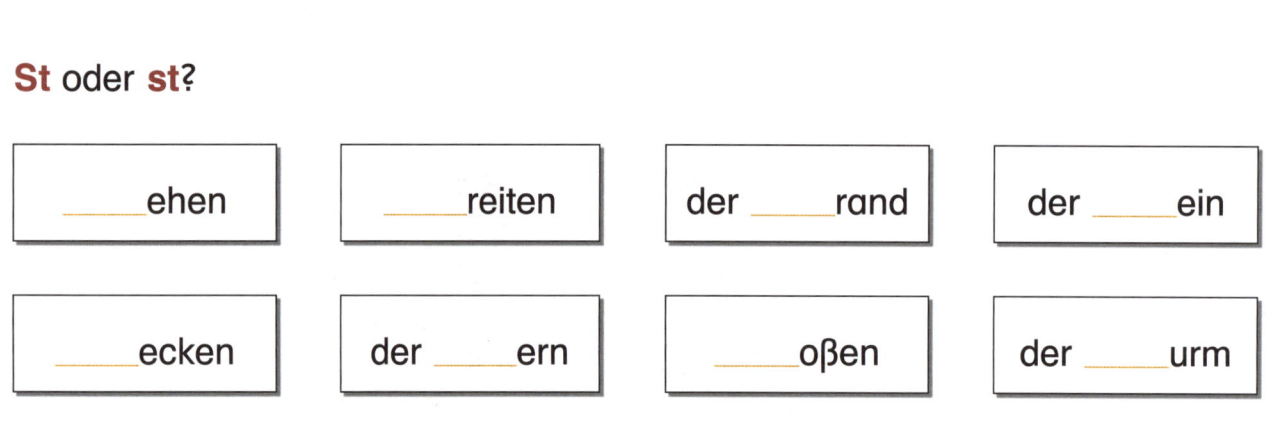

| _____ehen | _____reiten | der _____rand | der _____ein |

| _____ecken | der _____ern | _____oßen | der _____urm |

2 Setzt die Wörter ein.
Lest abwechselnd Satz für Satz.

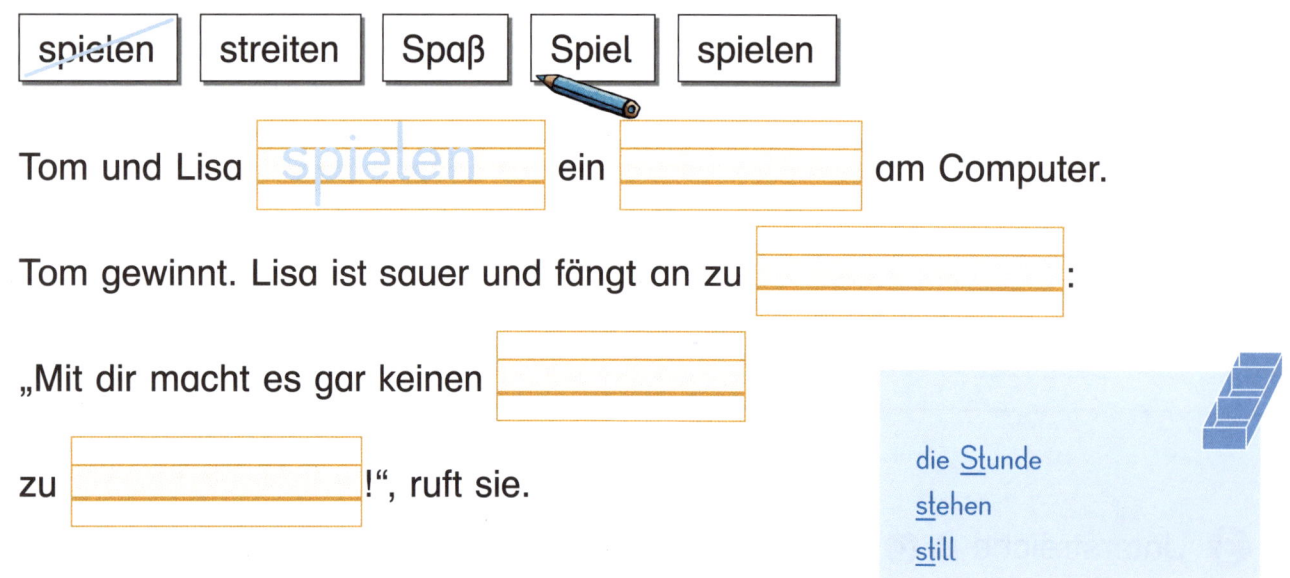

| ~~spielen~~ | streiten | Spaß | Spiel | spielen |

Tom und Lisa _spielen_ ein _____ am Computer.

Tom gewinnt. Lisa ist sauer und fängt an zu _____:

„Mit dir macht es gar keinen _____

zu _____!", ruft sie.

die Stunde
stehen
still

3 Wörter mit x schreiben

1 Kreise die sechs Nomen mit **x** ein. Suche nur so: ⟶

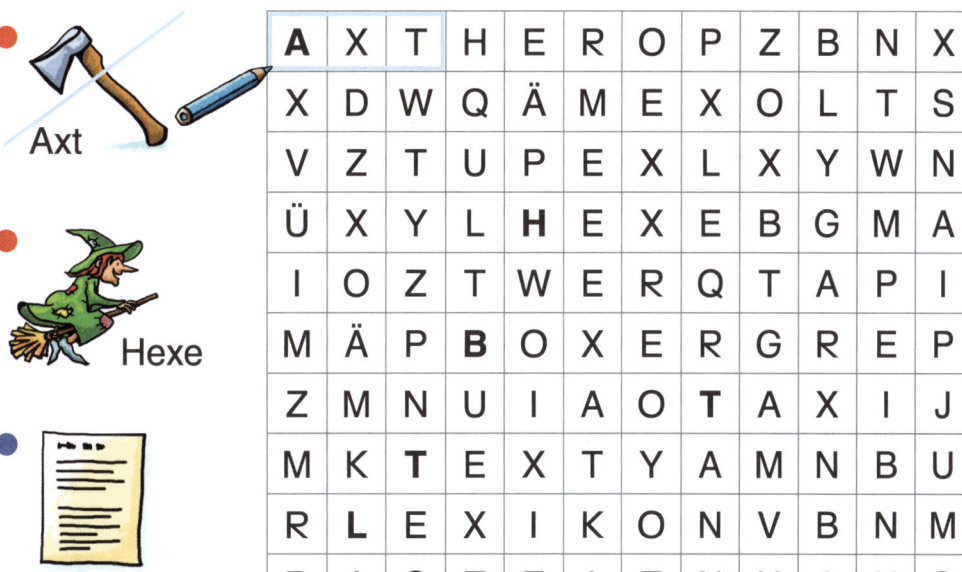

Axt

Hexe

Text

Boxer

Lexikon

Taxi

A	X	T	H	E	R	O	P	Z	B	N	X
X	D	W	Q	Ä	M	E	X	O	L	T	S
V	Z	T	U	P	E	X	L	X	Y	W	N
Ü	X	Y	L	**H**	E	X	E	B	G	M	A
I	O	Z	T	W	E	R	Q	T	A	P	I
M	Ä	P	**B**	O	X	E	R	G	R	E	P
Z	M	N	U	I	A	O	**T**	A	X	I	J
M	K	**T**	E	X	T	Y	A	M	N	B	U
R	**L**	E	X	I	K	O	N	V	B	N	M
R	A	O	Z	E	l	E	N	H	I	U	S

2 Schreibe die Nomen mit **x** mit ihrem bestimmten Artikel auf.

die Axt. ✓

3 Unterstreiche in **2** immer **x**.

Wörter mit **x** sind Merkwörter!

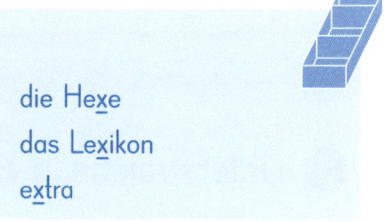

die He<u>x</u>e

das Le<u>x</u>ikon

e<u>x</u>tra

Wörter mit V / v untersuchen

1 Lies die Wörter.

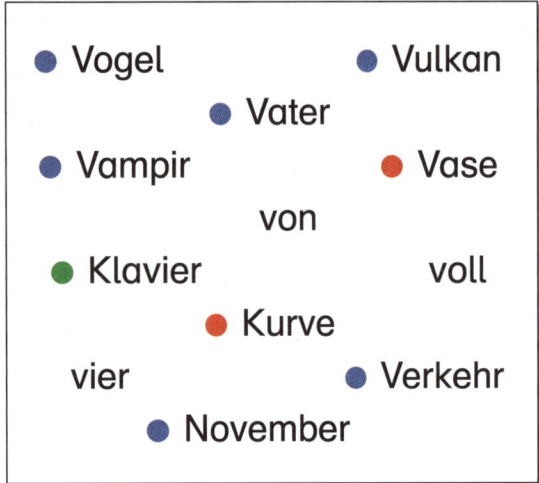

- Vogel
- Vater
- Vampir
- Vase
- von
- Klavier
- voll
- Kurve
- vier
- Verkehr
- November
- Vulkan

Das **V** oder **v** hört sich mal wie **f** und mal wie **w** an.

2 Ordne die Wörter in die Tabelle ein.

V / v klingt wie in	**V / v** klingt wie in
der Vogel ✓	

3 Unterstreiche in **2** immer **V** und **v**.

3 Ein Partnerdiktat schreiben

1 Lies, wie ihr ein Partnerdiktat
schreiben könnt.

> **So schreiben wir ein Partnerdiktat**
> 1. Ich diktiere jedes Wort langsam und deutlich.
> 2. Danach kontrollieren wir gemeinsam
>   Buchstabe für Buchstabe.
> 3. Zum Schluss tauschen wir die Rollen.

der Vogel,
der Vulkan

2 Erkläre einem Kind,
wie man ein Partnerdiktat schreibt.

3 Nutzt die Wörter mit **V** und **v**
von Seite 22
für ein Partnerdiktat.

der <u>V</u>ater
der No<u>v</u>ember
<u>v</u>or

1 Lies und setze die Wörter in das Abc-Gedicht ein.

A B C D E F G

Hausaufgaben tun nicht weh.

H I J K L M N O P

Auf dem Pudding tanzt 'ne 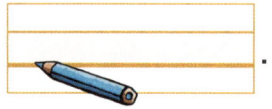.

Qu R S T U V W

Flöhe haben keinen _____.

X Y und Z

Oh Schreck, ein Elefant in meinem _____!

 **2** Lest euch gegenseitig das Gedicht vor.

Ihr könnt es auch auswendig lernen!

4 Selbstlaute und Mitlaute kennenlernen

 1 Lies die Regel genau.

Die Buchstaben, die beim Sprechen alleine klingen, heißen **Selbstlaute**: **a**, **e**, **i**, **o**, **u**.
Die anderen Buchstaben heißen **Mitlaute**.

In meinem Namen gibt es zwei Selbstlaute: L**o**l**a**.

2 Lies die Wörter.

| Uhr | Ofen | lesen | trinken | Abend | Indianer | immer |

| fehlen | uns | einer | Obst | und | kochen | allein |

3 Unterstreiche die zehn Wörter, die mit einem Selbstlaut anfangen.

4 Schreibe alle Wörter aus **2** auf, die mit einem Selbstlaut anfangen.

Uhr,

5 Kreise die Tiere ein, die mit einem Selbstlaut anfangen.

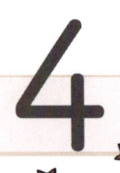

1 Ergänze die Selbstlaute.

 H **a** se

 G **e** ld

 H **o** se

 G **e** ld

 K **e** gel

 H **a** nd

 K **u** gel

 H **u** nd

 N **a** deln

 Z **a** nge

 N **u** deln

 Z **u** nge

Wenn du den Selbstlaut änderst, bekommst du ein neues Wort.

 **2**

Zange, Zunge!

4 Selbstlaute erkennen

1 Kreise ein, was im rechten Bild fehlt.
Es sind sechs Dinge.

2 Lies die Wörter und kreise ein,
was im rechten Bild fehlt.

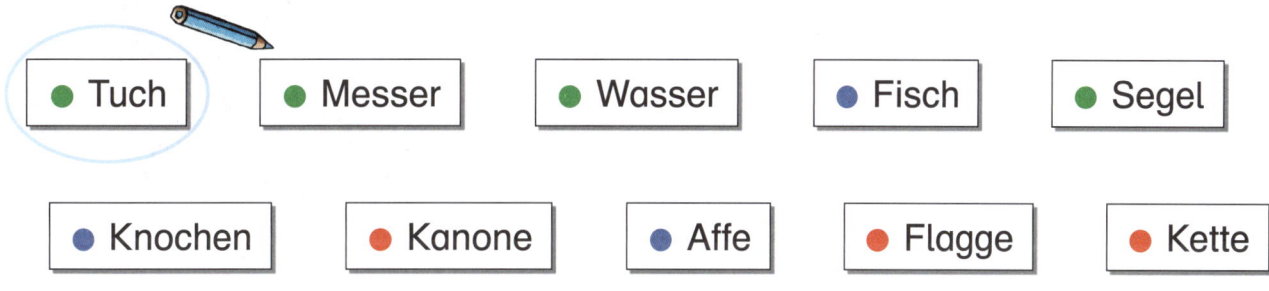

| ● Tuch | ● Messer | ● Wasser | ● Fisch | ● Segel |

| ● Knochen | ● Kanone | ● Affe | ● Flagge | ● Kette |

3 Schreibe die eingekreisten Nomen aus **2**
mit dem bestimmten Artikel auf.

das Tuch,

4 Unterstreiche in den Nomen in **3** alle Selbstlaute.

5 Das Abc ergänzen

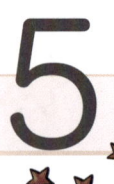

1 Ergänze die fehlenden Buchstaben.

A B C D ___ F ___

___ I J ___ L ___ N ___ P

Qu ___ ___ T ___ V ___

___ Y Z

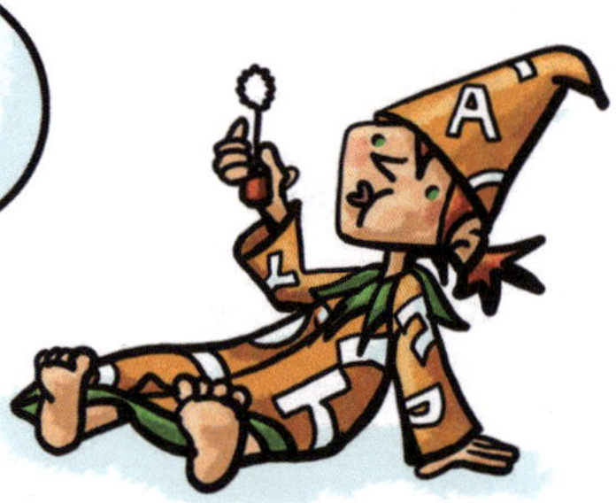

2 Unterstreiche die Selbstlaute in 1.

3

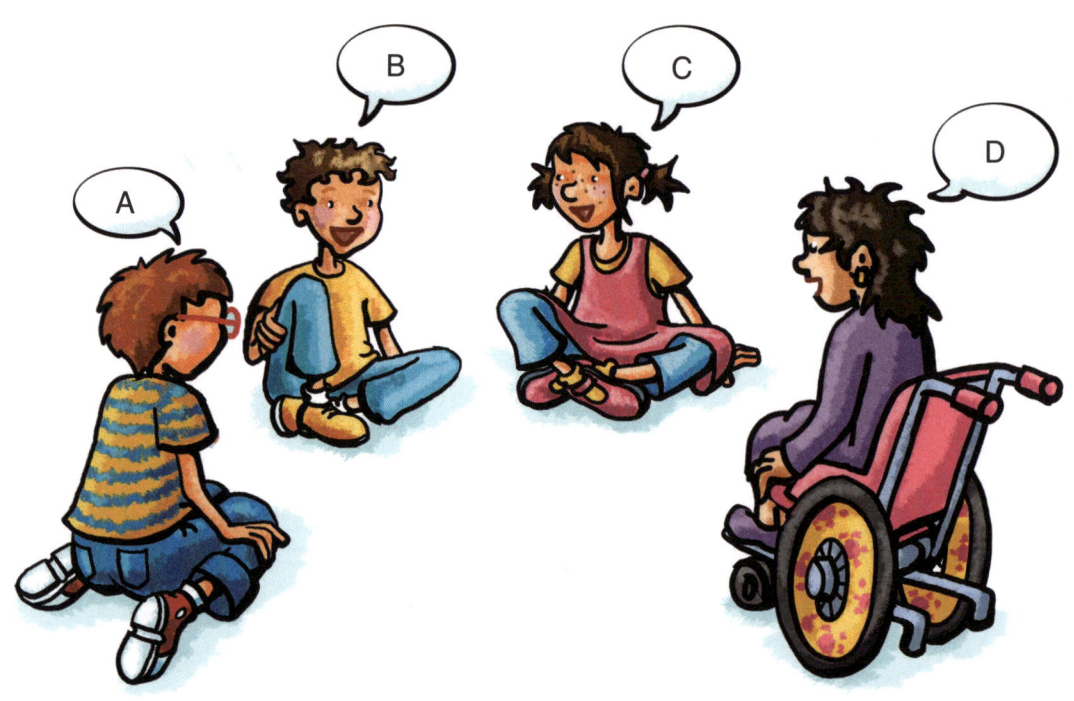

Das Abc üben

1 Schreibe immer drei Buchstaben richtig auf.

Immer drei Kinder gehören zusammen.

? B C

A B C

W X ?

? K L

? H I

Qu R ?

? F G

M N ?

S T ?

? Qu R

1 Markiere die Anfangsbuchstaben
der Namen im Abc.

a)

A **B** C **D** E F G H I J ...

b)

... M N O P Qu R S T U V ...

c)

A B C D E F G H I J K L M N O P Qu ...

d)

... E F G H I J K L M N O P Qu R S T U V ...

2 Schreibe die Namen nach dem Abc geordnet auf.

STOPP

a) Benjamin, ✓

b)

c)

d)

5 Nach dem zweiten Buchstaben ordnen

1 Lies, was Lisa sagt.

Wenn der erste Buchstabe gleich ist, muss man nach dem zweiten Buchstaben ordnen. In der Wörterliste steht **Am**pel vor **As**t.

2 Unterstreiche in den Wörtern immer den zweiten Buchstaben.

● A<u>x</u>t ● Ampel ● Ast

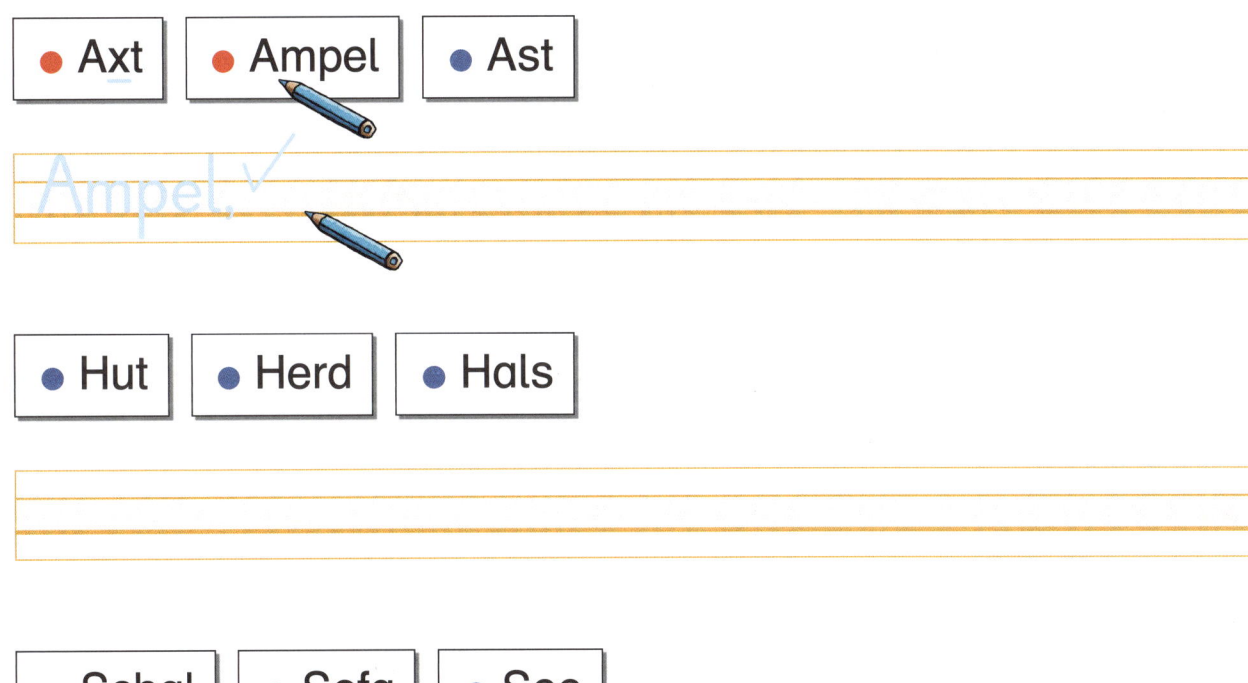

Ampel. ✓

● Hut ● Herd ● Hals

● Schal ● Sofa ● See

3 Ordne die Wörter in **2** nach dem zweiten Buchstaben.

STOPP

5. Mit der Wörterliste umgehen

1 Suche die Wörter in der Wörterliste.
Schreibe die Wörter auf.

Die Wörterliste findest du ab Seite 57 in diesem Heft.

das **Auto,** die Autos

die **Axt,** die Äxte ⚡

B b

backen

baden

der **Ball,** die Bälle ⚡

die **Banane,** die Bananen

die **Bank,** die Bänke ⚡

Wie heißt

a) das erste Wort beim Buchstaben **B**?

backen ✓

b) das erste Wort beim Buchstaben **F**?

c) das zweite Wort beim Buchstaben **D**?

d) das dritte Wort beim Buchstaben **G**?

e) das letzte Wort beim Buchstaben **O**?

2

Wie heißt das erste Wort mit **P**?

5. Wörter in der Wörterliste finden

1 Suche die Wörter zu den Bildern in der Wörterliste.
Schreibe die Wörter auf.
Notiere die Seitenzahl.

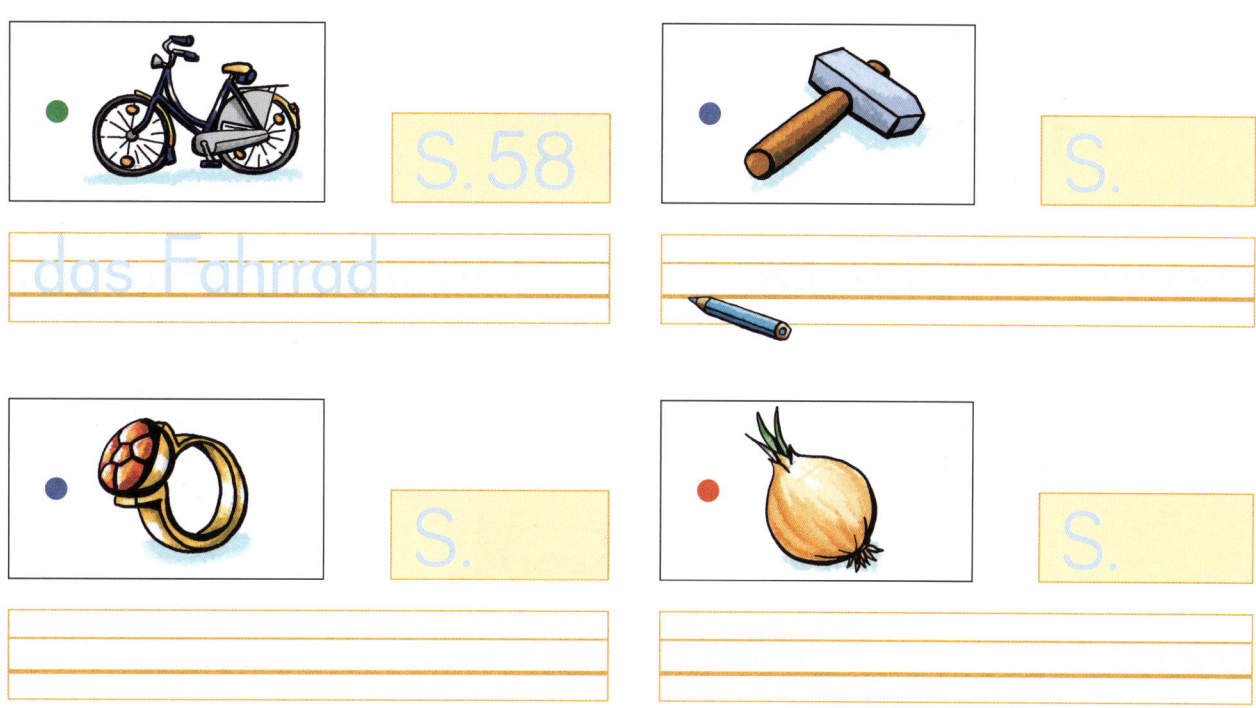

S. 58

das Fahrrad

S.

S.

S.

2 Schreibe die gesuchten Wörter
aus der Wörterliste ab.

STOPP

Welches Wort steht **über** dem Wort?

Cent ✓

| Computer | Hammer | Quark |

Welches Wort steht **unter** dem Wort?

| vielleicht | ganz | wissen |

6 Lange und kurze Selbstlaute unterscheiden

1 Sprich die Wörter.
Setze unter einen kurzen Selbstlaut einen Punkt (.).
Setze unter einen langen Selbstlaut einen Strich (_).

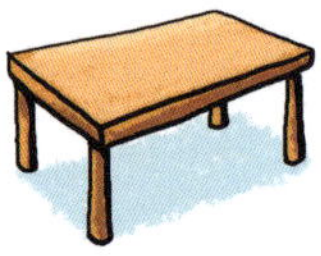

Tisch

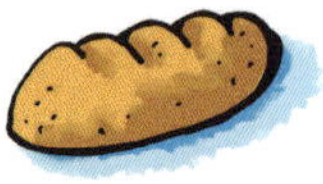

Brot

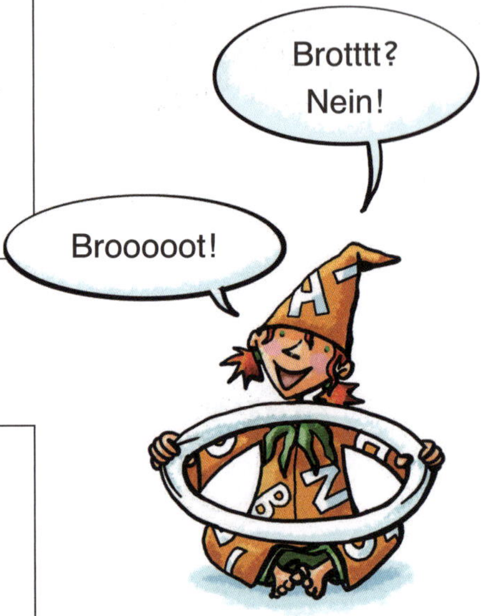
Brotttt? Nein!
Broooooot!

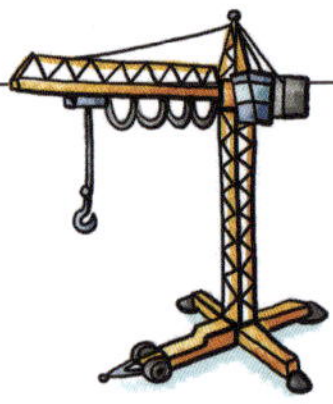

Kran

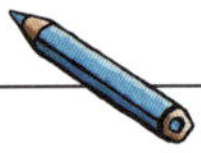

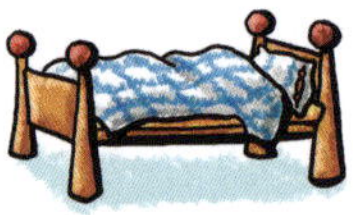

Bett

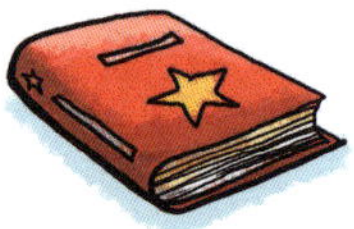

Buch

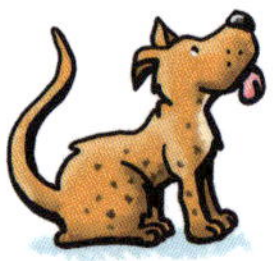

Hund

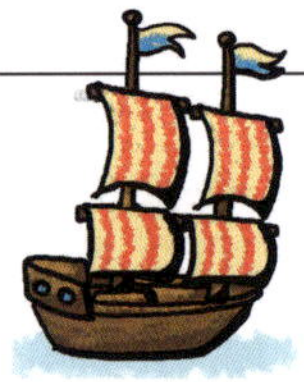

Schiff

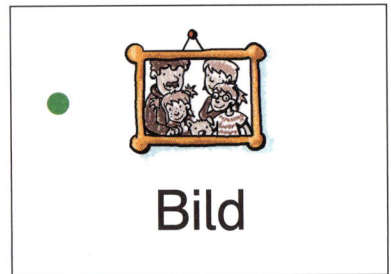

Bild

Hut

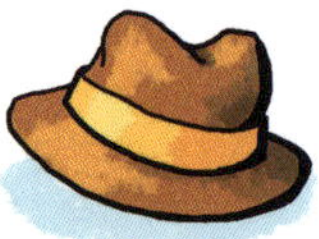

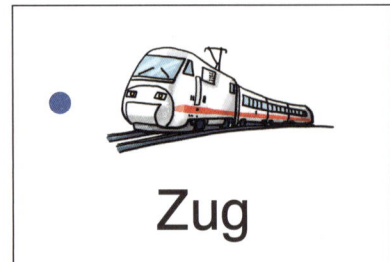

Zug

Wörter mit langem oder kurzem Selbstlaut schreiben

1 Ordne die Wörter von Seite 34
in die Tabelle ein.

langer Selbstlaut	kurzer Selbstlaut
das Brot ✓	

2 Unterstreiche die langen Selbstlaute,
setze Punkte unter die kurzen Selbstlaute.

3 Ergänzt die Tabelle mit eigenen Wörtern.
Nutzt die Wörterliste.

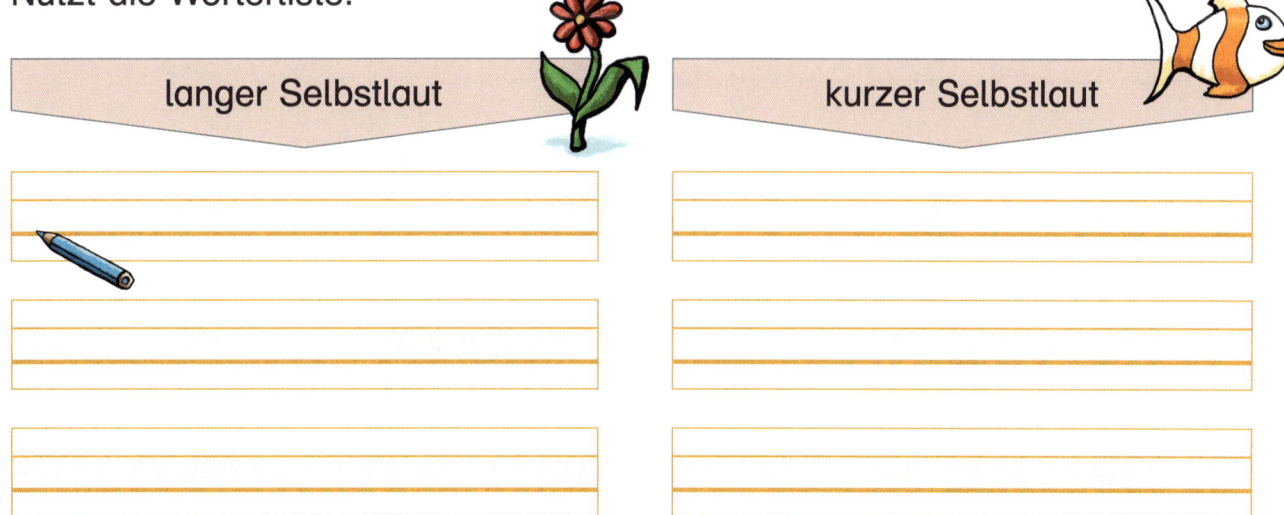

langer Selbstlaut	kurzer Selbstlaut

6 Wörter mit ie kennenlernen

1 Lies die Regel genau.

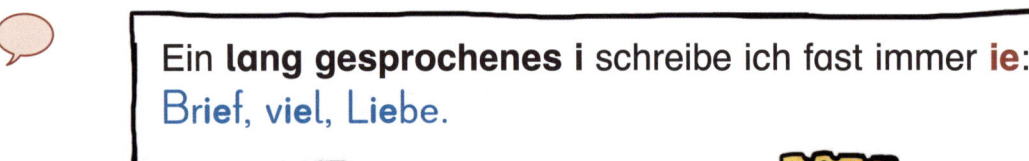

Ein **lang gesprochenes i** schreibe ich fast immer **ie**:
Brief, viel, Liebe.

2 Trage Striche zwischen den Wörtern ein.

Z i e l | L i e b e S i e b B r i e f v i e l T i e r

3 Schreibe die Wörter aus **2** auf.

Ziel, ✓

4 Unterstreiche bei den Wörtern in **3** ie.

5 Setze die Wörter passend ein. Unterstreiche ie.

| Bienen | Riese | Brief | riesige | vier |

Ein Riese ✓ ist groß und hat _____ Füße.

_____ können stechen.

Autos haben _____ Räder.

Lisa schreibt ihrer Oma einen _____ .

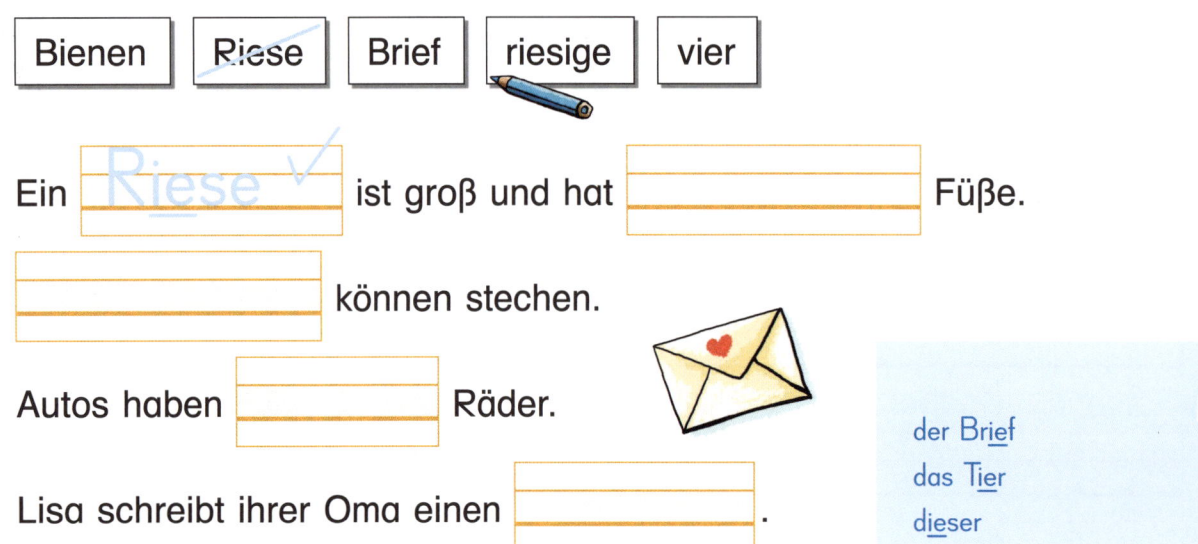

der Brief
das Tier
dieser

6 Wörter mit kurzem i schreiben

1 Kreise die sechs Nomen mit kurzem **i** ein. Suche nur so: ⟶

Blitz

Milch

Brille

B	I	Z	U	T	E	**B**	L	I	T	Z	K
L	R	I	K	S	E	N	K	J	W	Q	C
L	I	**B**	R	I	L	L	E	F	F	M	N
F	I	N	G	E	R	K	I	S	V	O	E
I	G	E	S	C	H	W	**B**	I	L	D	N
Q	I	C	P	T	M	I	K	E	L	D	E
B	I	B	**M**	I	L	C	H	N	I	S	P
H	G	A	W	I	T	T	O	R	X	I	B
P	**F**	I	S	C	H	P	I	T	R	E	S
P	E	W	I	W	N	E	N	K	I	P	S

Finger

Bild

Fisch

2 Schreibe die Nomen aus **1** mit ihrem bestimmten Artikel auf.

der Blitz,

Nur der erste Buchstabe wird großgeschrieben.

3 Setze in **2** immer einen Punkt unter das kurze **i**.

das Bild
der Fisch
der Himmel

6. Wörter mit ie und kurzem i vervollständigen

1 Ergänze **ie** oder **i**.

der Br_ie_f

das B___ld

die B___ne

die Sp___nne

die Br___lle

der R___ng

der F___nger

das S___b

der St___ft

2 Kreise die Bilder mit kurzem **i**-Laut ein.

3 Schreibe die Wörter mit kurzem **i**-Laut aus **2** auf.
Setze unter das kurze **i** einen Punkt.

Stift,

6. Den doppelten Mitlaut kennenlernen

1 Lies die Regel genau.

Vor einem **doppelten Mitlaut** steht immer ein **kurzer Selbstlaut**: Zịmmer, Kịssen.

2 Setze einen Punkt unter den kurzen Selbstlaut.
Unterstreiche den doppelten Mitlaut.

Zịmmer	kann	Betten

Essen	Kissen	Mutter

3 Setzt die Wörter aus **2** ein.

Lisa und Tim toben auf den ~~Betten~~

und werfen mit _____.

Die Mutter ruft beide zum _____.

Doch sie kommen nicht.

Die _____ kommt in

das _____ und sagt:

„Hey, _____ ich mitmachen?"

das Zịmmer
bịtten
flụ̈ssig

4 Lest euch gegenseitig die Geschichte vor.

 1 Lies die Regel genau.

> Wörter mit doppeltem Mitlaut trenne ich so:
> Schlit-ten, sol-len, las-sen.

2 Trenne die Wörter mit einem Strich.
Schreibe sie getrennt auf.

kön|nen	kennen	Klasse
kön · nen		

Teller	wissen	wollen

Schlitten	Waffel	lassen

  3

können · Klasse · rol · len · Mutter · Puppe · Himmel

1 Lies und verbinde die Reimwörter mit **ck**.

Socken	Wecker	Decke	Mücke	Röcke

Brücke	Glocken	Stöcke	Stecker	Hecke

2 Schreibe die Wörter mit **ck** richtig auf.
Notiere zu den Nomen auch den Artikel.

STOPP

- Rö✶e — die Röcke ✓

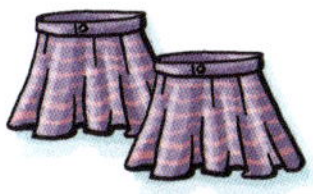

- Brü✶e —

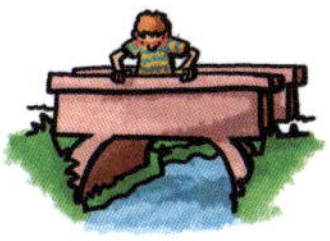

- He✶e —

- Zu✶er —

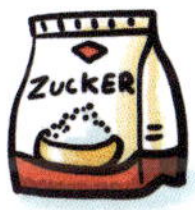

- Ho✶er —

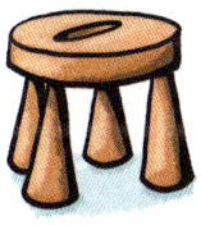

- So✶en —

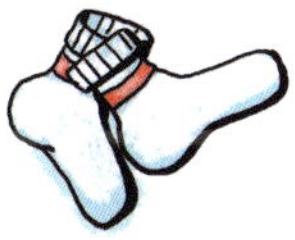

- ba✶en —

- dre✶ig —

3 Setze in **2** einen Punkt
unter den kurzen Selbstlaut.
Unterstreiche **ck**.

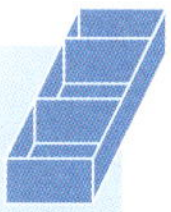

die Hecke
der Rock
der Rücken

So schreibe ich ein Schleichdiktat
1. Ich lege den Text an eine Stelle und merke mir einen Satz.
2. Ich gehe an meinen Platz zurück und schreibe den Satz auf.
3. Ich schreibe alle Sätze genauso auf.
4. Ich hole den Text und kontrolliere ihn Wort für Wort.
5. Ich verbessere die Fehler.

1 Schreibe die Wörter mit **tz**.

Toms Ka___e ist noch klein.

Aber ihre Ta___en haben scharfe Krallen.

Manchmal kämpft sie mit Toms Mü___e.

Das sieht wi___ig aus.

Ihr Pla___ ist Toms Bett.

Katze

2 Setze in **1** einen Punkt unter den kurzen Selbstlaut. Unterstreiche **tz**.

3 Schreibe den Text von Aufgabe **1** als Schleichdiktat.

Aber ihre Tatzen haben …

die Katze
der Platz
sitzen

 1 Lies die Regel genau.

> Aus den Selbstlauten **a**, **o** und **u** können **ä**, **ö** und **ü** werden.
> Man nennt **ä**, **ö** und **ü** auch **Umlaute**:
> Ball – Bälle, Kopf – Köpfe, Buch – Bücher.

2 Schreibe die Wörter in der Einzahl und Mehrzahl
mit Artikel auf.

das Buch   die Bücher

3 Unterstreiche in **2** **a**, **o**, **u**
und die Umlaute **ä**, **ö**, **ü**.

> In der **Verkleinerungsform**
> gibt es auch Umlaute:
> ein kleines H**ü**nd**chen**,
> ein kleines Bl**ü**m**chen**, …

7. Nomen mit ä ableiten

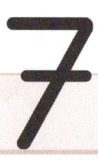

1 Lies die Regel genau.

> **Ableiten**
> Ich schreibe ein Wort mit **ä**,
> wenn ich es von einem Wort mit **a** ableiten kann:
> Hände ⚡ Hand, Bälle ⚡ Ball.

2 Ergänze **ä** und **a**.

die Z_ä_hne → der Z___hn

die R___der → das R___d

die B___lle → der B___ll

3

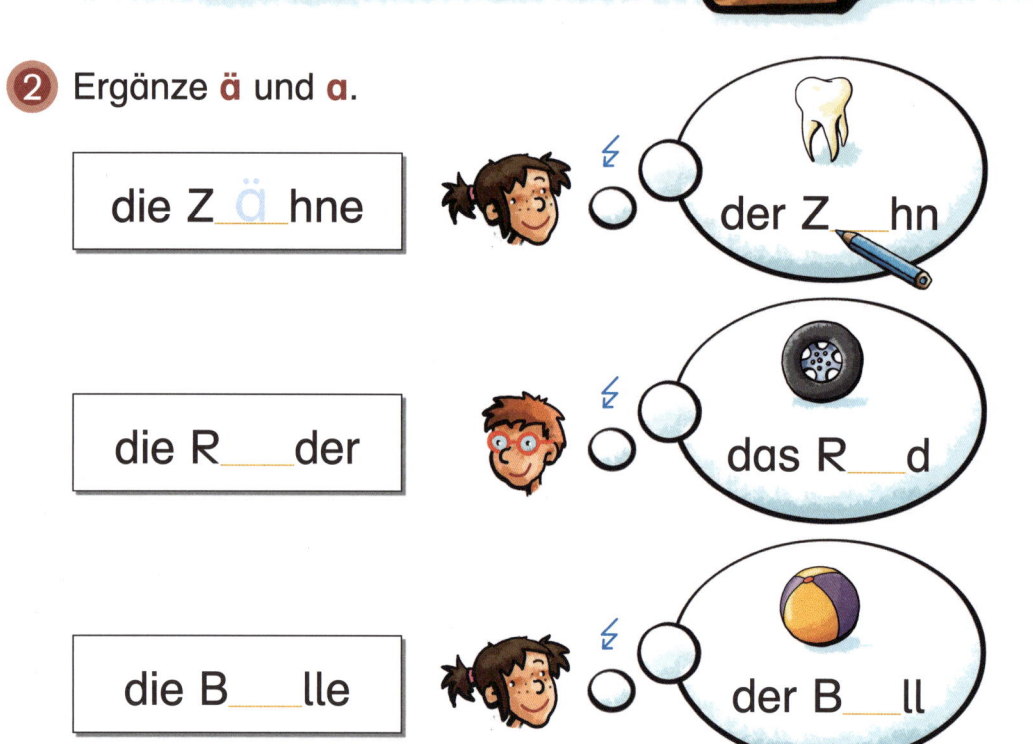

> **Äpfel** schreibe ich
> mit **Ä**, weil ich es von **Apfel**
> ableiten kann.

die Bälle ⚡ der Ball
die Hände ⚡ die Hand
die Gräser ⚡ das Gras

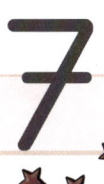

 1 Lies die Regel genau.

Ableiten

Ich schreibe ein Wort mit **äu**, wenn ich es
von einem Wort mit **au** ableiten kann:
B**äu**me ⚡ B**au**m, M**äu**se ⚡ M**au**s.

2 Schreibe zu jedem **äu**-Wort das **au**-Wort,
von dem du ableiten kannst.

die Bäume	⚡ •	der Baum
die Mäuse	⚡ •	
die Zäune	⚡ •	
die Läuse	⚡ •	
die Häuser	⚡ •	

3 Unterstreiche in **2** **äu** und **au**.

4

die Bäume ⚡ der Baum
die Häuser ⚡ das Haus
die Mäuse ⚡ die Maus

1 Lies die Regel genau.

> **Verlängern**
>
> Manchmal hören sich **d** und **t** am Ende gleich an.
> Beim Verlängern höre ich, was ich schreiben muss:
> Hund ↪ Hunde, Brot ↪ Brote.

2 Verlängere zuerst die Wörter.
Ergänze die Tabelle.
Unterstreiche **d** oder **t**.

d oder **t**	Mehrzahl	Einzahl
das Bro_	die Brote	das Brot
das Kin_		
das Ra_		
das Klei_		

7 Nomen mit g und k verlängern

↪

 1 Lies die Regel genau.

> **Verlängern**
>
> Manchmal hören sich **g** und **k** am Ende gleich an.
> Beim Verlängern höre ich, was ich schreiben muss:
> Weg ↪ Wege, Bank ↪ Bänke.

2 Verlängere zuerst die Wörter.
Ergänze die Tabelle.
Unterstreiche **g** oder **k**.

g oder **k** ↪	Mehrzahl	Einzahl
der Zu__	die Züge	der Zug
der We__		
der Köni__		
der Ber__		
die Ban__		

der Berg ↪ die Berge
der Weg ↪ die Wege
der Tag ↪ die Tage

8. Wortfamilien kennenlernen

1 Lies die Regel genau.

> Der **Wortstamm** hilft, Wörter einer **Wortfamilie** richtig zu schreiben:
> **Spiel**zeug, **Spiel**er, **spiel**en.

2 Lies die Wörter.

spielen   Freund   verspielt

befreundet   spielerisch   Spieler

anfreunden   Spielzeug   Freundin

Freunde   Spielerin   freundlich

3 Markiere die Wortstämme **spiel** und **freund**
mit zwei Farben.

> Der **Wortstamm**
> eines Wortes ist
> der Teil, der immer
> gleich bleibt.

4 Kreuze zwei Sätze an, die stimmen.

○ Eine Wortfamilie hat viele Kinder.

○ Eine Wortfamilie hat denselben Wortstamm.

○ Eine Wortfamilie besteht nur aus Nomen.

○ Der Wortstamm ist immer gleich.

○ Alle Wortstämme reimen sich.

5 Schreibe die Wörter mit den Wortstämmen
spiel und **freund** von Seite 48 in die Tabelle.

Wortstamm **spiel**	Wortstamm **freund**
spielen ✓	

6 Unterstreiche in **5** die Wortstämme.

7

Fahrrad

Fahrer
fahren Fahrzeug
fahr

mal

lauf

8 Wortstämme zuordnen

1 Schreibe die Wörter mit **geh** und **seh** in die Tabelle.

sehen	Gehstock	Sehtest	Fernseher

Gehweg	ansehen	gehen	weggehen

Wortstamm **geh**	Wortstamm **seh**
Gehstock ✓	

2 Unterstreiche in **1** immer den Wortstamm.

3 Schreibe selbst passende Wörter zum Wortstamm.

Kochbuch	**koch**	
	fahr	
	wohn	

4 Unterstreiche in **3** die Wortstämme.

8 Mit Hilfe von Wortfamilien ableiten

1 Ergänze **ä** oder **äu**. Verbinde die Wortpaare.

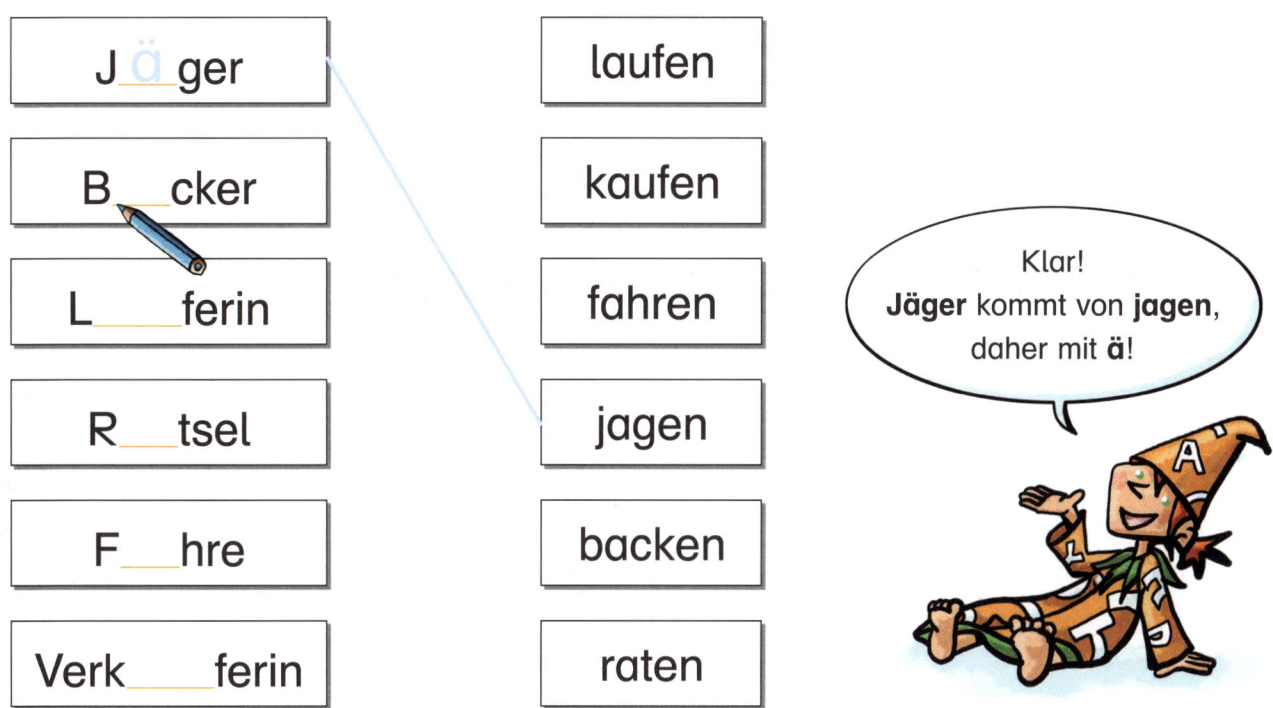

J_ä_ger — laufen

B___cker — kaufen

L___ferin — fahren

R___tsel — jagen

F___hre — backen

Verk___ferin — raten

Klar!
Jäger kommt von **jagen**, daher mit **ä**!

2 Schreibe die Wortpaare aus **1** auf.

Jäger ✓   ⚡ jagen ✓

3 Unterstreiche in **2** **ä** und **a** sowie **äu** und **au**.

Wörter mit doppeltem Selbstlaut schreiben

M

 1 Lies die Regel genau.

> **Merkwörter** M
>
> Manchmal gibt es keine Regeln,
> um Wörter richtig zu schreiben.
> Diese Wörter sind **Merkwörter**.

aa, ee, oo

 2 Ergänze die Sätze.

STOPP

| Zoo | Tee | Meer | leer | Haare | Schnee |

Wenn man krank ist, soll man ____Tee____ ✓ trinken.

Menschen haben kein Fell, sondern _____ .

Dein Bauch knurrt, wenn er _____ ist.

Die Wale leben im _____ .

Wasser kann zu Eis und _____ werden.

Im _____ gibt es viele Tiere aus fernen Ländern.

3 Unterstreiche in **2** die doppelten Selbstlaute.

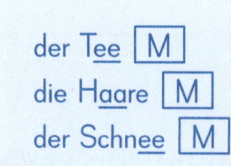 **4** Suche mit einem Kind in der Wörterliste
Wörter mit doppeltem Selbstlaut.
Lest euch die Wörter gegenseitig vor.

der Tee M
die Haare M
der Schnee M

9 Wörter mit ß schreiben

1 Schreibe die Wörter mit ß passend zu den Bildern.

| Fußball | ~~heiß~~ | Strauß | Großeltern | Fuß | Straße |

heiß ✓ — Seite 59

der — Seite

— Seite

— Seite

— Seite

— Seite

2 Suche die Wörter aus **1** in der Wörterliste.
Notiere die Seitenzahlen.

 **3**

Welches Wort steht über dem Wort **Fuß**?

Das Wort **fünf**.

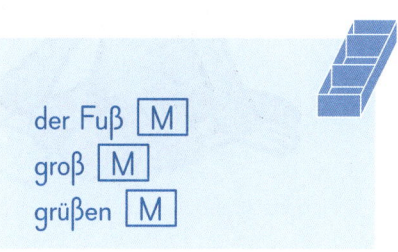

der Fuß ☐ M
groß ☐ M
grüßen ☐ M

9 Wochentage schreiben

1 Schreibe die Tage der Reihe nach auf.

| Montag | Mittwoch | Freitag | Samstag |

| Dienstag | Sonntag | Donnerstag |

1 Montag ✓

5

2

6

3

7

4

2 Markiere in **1** Stellen, die für dich schwierig sind.

3

Welcher Tag kommt vor Mittwoch?

Vor Mittwoch kommt Dienstag.

Stimmt!

9 Die Namen der Monate schreiben

1 Schreibe die Monate der Reihe nach auf.

| Januar | April | März | August |

| Oktober | September | Juni | Februar |

| Mai | Juli | Dezember | November |

1 Januar ✓   2 _____

3 _____   4 _____

5 _____   6 _____

7 _____   8 _____

9 _____   10 _____

11 _____   12 _____

Frühling Sommer Herbst Winter

9 Zahlwörter üben

1 Schreibe zu jeder Zahl das passende Zahlwort.

| eins | ~~null~~ | sieben | fünfzig | neunzig |

| vierzig | sechs | zwanzig | zwei | acht |

| drei | einhundert | zehn | achtzig | sechzig |

| dreißig | neun | siebzig | vier | fünf |

0   null ✓

7

50

1

8

60

2

9

70

3

10

80

4

20

90

5

30

100

6

40

Alles richtig?
Sonst übe die falsch
geschriebenen Wörter
nochmals im Heft.

Wörterliste

A a

der **A**bend, die Abende ↪

acht

alles

die **Am**pel, die Ampeln

antworten

der **Ap**fel, die Äpfel ⚡

der **A**pril

arbeiten

der **A**rm, die Arme

der **A**st, die Äste ⚡

auch

auf

das **Au**ge, die Augen

der **Au**gust

das **Au**to, die Autos

die **A**xt, die Äxte ⚡

B b

backen

baden

der **B**all, die Bälle ⚡

die **Ba**nane, die Bananen

die **Ba**nk, die Bänke ⚡

der **Bau**ch, die Bäuche ⚡

bauen

der **Bau**m, die Bäume ⚡

das **Bein**, die Beine

der **Berg**, die Berge ↪

bewegen

bezahlen

die **Bie**ne, die Bienen

das **Bild**, die Bilder ↪

die **Bir**ne, die Birnen

bitten

das **Blatt**, die Blätter ⚡

blühen

die **Blu**me, die Blumen

der **Blu**mentopf, die Blumentöpfe

die **Blü**te, die Blüten

der **Bo**den, die Böden

das **Boot**, die Boote M

der **Bo**xer, die Boxer

braun

der **Brief**, die Briefe

die **Bri**lle, die Brillen

bringen

das **Brot**, die Brote ↪

der **Bru**der, die Brüder

das **Buch**, die Bücher

der **Busch**, die Büsche

C c

der **Cent**, die Cents

der **Com**puter, die Computer

D d

danken

denken

der **Dezem**ber

der **Dieb,** die Diebe

der **Diens**tag

diese, dieser

der **Donner**stag

drei

du

dunkel

der **Durst**

E e

das **Ei,** die Eier

das **Eichhörn**chen,

die Eichhörnchen

eins

elf

die **El**tern

endlich

eng

die **En**te, die Enten

die **Er**de

essen

die **Eu**le, die Eulen

der **Eu**ro, die Euros

extra

F f

fahren

das **Fahr**rad, die Fahrräder

fallen

die **Fami**lie, die Familien

fangen

der **Febru**ar

die **Fei**er, die Feiern

feiern

fein

das **Feld,** die Felder

der **Fin**ger, die Finger

der **Fisch,** die Fische

die **Fleder**maus, die Fledermäuse

fliegen

der **Flü**gel, die Flügel

flüssig

fragen

die **Frau,** die Frauen

der **Frei**tag

freuen

der **Freund,** die Freunde

die **Frucht,** die Früchte

der **Früh**ling

frühstücken

füllen

fünf

der **Fuß,** die Füße M

der **Fuß**ball, die Fußbälle

G g

ganz

geben

gehen

das **Geld**

das **Gesicht,** die Gesichter ↪

gestern

das **Gras,** die Gräser ⚡

groß M

die **Groß**eltern M

grüßen M

die **Gur**ke, die Gurken

H h

das **Haar,** die Haare M

der **Ham**mer, die Hämmer ⚡

die **Hand,** die Hände ⚡

hart

der **Ha**se, die Hasen

das **Haus,** die Häuser ⚡

die **Haut,** die Häute ⚡

die **Hec**ke, die Hecken

das **Heft,** die Hefte ↪

heiß M

helfen

hell

der **Herbst**

heute

die **Hexe,** die Hexen

hier

der **Him**mel, die Himmel

die **Hose,** die Hosen

der **Hund,** die Hunde ↪

hundert

der **Hut,** die Hüte ↪

I i

der **Igel,** die Igel

ihm

J j

jagen

der **Januar**

der **Juli**

der **Jun**ge, die Jungen

der **Juni**

K k

der **Kä**fer, die Käfer

der **Ka**len**der**, die Kalender

die **Kat**ze, die Katzen

kaufen

das **Kind,** die Kinder ↪

die **Klas**se, die Klassen

das **Kleid,** die Kleider ↪

59

klein

kochen

kommen

der **König,** die Könige

können

der **Kopf,** die Köpfe

der **Korb,** die Körbe

der **Körper,** die Körper

L l

laufen

leer M

leicht

die **Leiter,** die Leitern

lesen

das **Lexikon,** die Lexika

das **Licht,** die Lichter

die **Liebe**

der **Löffel,** die Löffel

M m

machen

das **Mädchen,** die Mädchen

der **Mai**

malen

der **Mann,** die Männer

die **Marmelade,** die Marmeladen

der **März**

die **Mauer,** die Mauern

die **Maus,** die Mäuse

das **Meer,** die Meere M

mehr

die **Melone,** die Melonen

das **Messer,** die Messer

mich

die **Milch**

die **Minute,** die Minuten

der **Mittwoch**

der **Mond,** die Monde

der **Montag**

morgen

der **Mund,** die Münder

die **Musik**

müssen

die **Mutter,** die Mütter

N n

die **Nacht,** die Nächte

die **Nase,** die Nasen

der **Nebel,** die Nebel

nehmen

neu

neun

der **November**

die **Nuss,** die Nüsse

O o

das **Obst**

ohne

das **Ohr,** die Ohren

der **Ok**to**ber**

der **On**kel, die Onkel

Ostern

P p

der **Pa**pa**gei,** die Papageien

das **Pa**pier, die Papiere

die **Pap**rika, die Paprikas

das **Pfer**de, die Pfer**de**

pflanzen

pflegen

der **Pin**sel, die Pinsel

der **Platz**, die Plätze

probieren

die **Puppe**, die Puppen

Qu qu

quaken

die **Qual**le, die Quallen

der **Quark**

quatschen

quietschen

R r

das **Rad,** die Rä**der**

raten

die **Raupe**, die Raupen

rechnen

der **Re**gen

der **Re**gen**wurm,** die Regenwürmer

reich

der **Ring**, die Ringe

der **Rock**, die Röcke

rot

der **Rücken**, die Rücken

S s

sagen

die **Sa**lami, die Salamis

der **Sa**lat, die Sal**ate**

der **Sams**tag

der **Sand**

der **Satz**, die Sätze

schauen

die **Schere**, die Scheren

schlafen

schlagen

der **Schlauch**, die Schläuche

der **Schnee** M

schnell

Wörterliste

die **Schokolade**

schreiben

der **Schuh,** die Schuhe

die **Schule,** die Schulen

die **Schultasche,** die Schultaschen

schwarz

die **Schwester,** die Schwestern

sechs

sehen

sehr

die **Seife,** die Seifen

seine, seiner

die **Sekunde,** die Sekunden

selbst

der **September**

sieben

singen

sitzen

das **Sofa,** die Sofas

der **Sohn,** die Söhne

sollen

der **Sommer**

die **Sonne**

der **Sonntag**

der **Spaziergang,**
die Spaziergänge ⚡

spielen

das **Spielzeug,** die Spielzeuge ↪

der **Sport**

springen

die **Stange,** die Stangen

stecken

stehen

stellen

der **Stern,** die Sterne

der **Stift,** die Stifte ↪

still

die **Straße,** die Straßen M

der **Strauch,** die Sträucher ⚡

der **Strauß,** die Sträuße ⚡

die **Stunde,** die Stunden

T t

die **Tafel,** die Tafeln

der **Tag,** die Tage ↪

die **Tasche,** die Taschen

das **Taxi,** die Taxis

der **Tee,** die Tees M

das **Telefon,** die Telefone

teuer

der **Text,** die Texte ↪

das **Tier,** die Tiere

der **Tisch,** die Tische

die **Tochter,** die Töchter

der **Topf,** die Töpfe

tragen

trinken

turnen

U u

die **Uhr,** die Uhren

und

uns

unter

V v

der **Va**ter, die Väter   M

der **Ver**kehr   M

versuchen   M

viel   M

vielleicht   M

vier   M

der **Vo**gel, die Vögel   M

von   M

vor   M

W w

warm

waschen

der **Weg,** die Wege   ↪

Weihnachten

weiß   M

welche

das **Wet**ter

wieder

der **Win**ter

wissen

der **Witz,** die Witze

die **Wo**che, die Wochen

wohnen

wollen

wünschen

Z z

die **Zahl,** die Zahlen

der **Zahn,** die Zähne   ⚡

der **Zaun,** die Zäune   ⚡

zehn

zeigen

die **Zeit,** die Zeiten   ↪

das **Zeug**nis, die Zeugnisse

ziehen

das **Zim**mer, die Zimmer

die **Zi**trone, die Zitronen

der **Zoo,** die Zoos   M

der **Zu**cker

der **Zug,** die Züge   ↪

zum, zur

zusammen

zwei

der **Zwerg,** die Zwerge   ↪

die **Zwie**bel, die Zwiebeln

zwölf

Themenheft 2
Richtig schreiben

Herausgegeben von:	Roland Bauer, Jutta Maurach
Erarbeitet von:	Katrin Baudendistel, Daniela Dreier-Kuzuhara, Martina Schramm, Alexandra Schwaighofer
Fachliche Beratung exekutive Funktionen:	Dr. Sabine Kubesch, INSTITUT BILDUNG plus, im Auftrag des ZNL Transfer Zentrum für Neurowissenschaften und Lernen, Ulm
Redaktion:	Martina Schramm, Sabine Gerber
Illustration:	Yo Rühmer, Frankfurt am Main
Umschlaggestaltung:	Cornelia Gründer, agentur corngreen, Leipzig
Layout und technische Umsetzung:	lernsatz.de

fex steht für *Förderung exekutiver Funktionen*. Hierbei werden neueste Erkenntnisse der kognitiven Neurowissenschaft zum spielerischen Training exekutiver Funktionen für die Praxis nutzbar gemacht. **fex** wurde vom **ZNL TransferZentrum für Neurowissenschaften und Lernen** (*www.znl-ulm.de*) an der Universität Ulm gemeinsam mit der **Wehrfritz GmbH** (*www.wehrfritz.com*) ins Leben gerufen. Der Cornelsen Verlag hat in Kooperation mit dem ZNL ein Konzept für die Förderung exekutiver Funktionen im Unterrichtswerk *Einsterns Schwester* entwickelt.

www.cornelsen.de

1. Auflage, 9. Druck 2023

Alle Drucke dieser Auflage sind inhaltlich unverändert und können im Unterricht nebeneinander verwendet werden.

© 2018 Cornelsen Verlag GmbH, Berlin

Druck: Athesiadruck GmbH

ISBN 978-3-06-084279-7

Dieses Heft ist Bestandteil des Pakets „Einsterns Schwester 2 leicht gemacht" (ISBN 978-3-06-084277-3) und kann auch einzeln bestellt werden.
Das Paket ist auch als E-Book erhältlich (ISBN 978-3-06-084297-1).

PEFC-zertifiziert
Dieses Produkt stammt aus nachhaltig bewirtschafteten Wäldern

PEFC
PEFC/18-31-166   www.pefc.de